Du Désir Passionné à la Sagesse Éclairée : Comment Échapper au Piège de la Surconsommation

Préambule : À la Croisée des Chemins de la Sagesse Financière et de l'Éthique de la Consommation

Nous sommes à la croisée des chemins, sur le point de commencer un voyage à travers les terres complexes de la sagesse financière et de l'éthique de la consommation. Dans un monde où les décisions financières et les choix de consommation ont un impact de plus en plus profond sur nos vies et sur la planète, il est devenu essentiel de naviguer avec clarté et conscience dans ce paysage en constante évolution.

Ce livre est né de la conviction que la gestion financière et la consommation peuvent être bien plus que de simples actes transactionnels. Ce sont des domaines qui reflètent nos valeurs, nos priorités et notre impact sur le monde qui nous entoure. Ils offrent l'opportunité d'une réflexion profonde sur la manière dont nous utilisons nos ressources financières, sur ce qui compte vraiment pour nous, et sur la contribution que nous souhaitons apporter à une société plus éthique et durable.

Notre voyage commence par une exploration approfondie des mécanismes psychologiques qui sous-tendent nos désirs d'achat et des tactiques utilisées par le marketing pour influencer nos décisions. Nous analyserons les risques de la surconsommation, les conséquences à long terme sur la stabilité financière, et les stratégies pour éviter les pièges de la surconsommation.

Nous irons au-delà de la simple gestion budgétaire pour explorer la philosophie de la gestion financière responsable, en réfléchissant sur nos valeurs matérialistes, en cherchant le bonheur au-delà de la possession de biens matériels, et en trouvant l'équilibre entre la quête de biens et la recherche d'une vie épanouissante.

Nous entrerons ensuite dans le domaine de l'éthique de la consommation, en débattant de l'impact de nos choix sur l'environnement, en examinant les mouvements de consommation durable et responsable, et en apprenant à aligner nos habitudes de consommation avec nos valeurs personnelles.

Enfin, nous vous offrirons des outils pratiques pour gérer votre budget, économiser pour l'avenir, et utiliser l'intelligence artificielle pour optimiser vos décisions financières. Ce livre est conçu pour être un compagnon dans votre voyage vers une gestion financière plus éclairée, une consommation plus éthique et une vie financièrement épanouissante.

Alors, préparez-vous à embarquer pour un périple passionnant à travers les méandres de la finance personnelle et de la consommation éthique. Chaque page que vous tournerez vous rapprochera d'une compréhension plus profonde de vous-même, de vos valeurs, et de la manière dont vous pouvez façonner un avenir financier qui reflète vos convictions éthiques tout en contribuant à un monde meilleur. Votre voyage commence ici.

1. Introduction : À la Croisée des Chemins Financiers

Bienvenue dans les pages de ce livre, un guide conçu pour vous aider à naviguer à travers le labyrinthe complexe de la finance personnelle, de la consommation éthique et de la quête d'une vie financièrement épanouissante. Nous nous trouvons à un carrefour, où les décisions que nous prenons aujourd'hui façonnent notre avenir financier et définissent notre impact sur le monde qui nous entoure.

La gestion de l'argent et la consommation sont des aspects incontournables de notre vie quotidienne, et pourtant, ils sont souvent négligés ou mal compris. Notre relation avec l'argent est profondément influencée par des facteurs psychologiques, culturels et sociaux, tandis que nos choix de consommation ont des répercussions qui s'étendent bien au-delà de notre propre satisfaction personnelle.

Au fil des pages qui suivent, nous explorerons ensemble les rouages complexes de ces sujets cruciaux. Nous allons plonger dans les mécanismes psychologiques qui sous-tendent nos décisions d'achat, analyser l'impact de la publicité sur nos habitudes de consommation, et découvrir comment développer une conscience critique face aux techniques de marketing. Nous examinerons également les risques liés à la surconsommation, les conséquences à long terme sur la stabilité financière, et les stratégies pour éviter les pièges financiers courants.

Mais ce livre ne s'arrête pas là. Nous irons au-delà des aspects financiers pour explorer les dimensions éthiques de la consommation. Nous aborderons les mouvements de consommation durable et responsable qui cherchent à transformer notre manière de consommer pour le bien de la planète et de la société. Nous verrons comment aligner nos habitudes de consommation avec nos valeurs personnelles peut être une source d'épanouissement et de satisfaction profonde.

Enfin, nous vous fournirons des outils pratiques pour gérer votre budget, économiser pour l'avenir et optimiser vos décisions financières à l'ère de l'intelligence artificielle. Nous espérons que ces connaissances vous permettront de prendre le contrôle de votre situation financière et de faire des choix éclairés.

Ce livre est un voyage, une exploration des multiples facettes de la finance personnelle et de la consommation éthique. Vous êtes au centre de cette aventure, et votre quête de la sagesse financière commence ici. Préparez-vous à repenser vos priorités, à affiner vos valeurs et à forger un avenir financier qui vous ressemble, tout en contribuant positivement à un monde plus responsable et durable.

1.1 - Présentation de l'objectif de l'ouvrage : Comprendre le rôle du merchandising et de la surconsommation dans nos vies.

L'objectif principal de cet ouvrage est d'approfondir notre compréhension du rôle du merchandising et de la surconsommation dans nos vies. En plongeant dans ces sujets cruciaux, nous chercherons à répondre à des questions essentielles : Comment le marketing influence-t-il nos choix d'achat ? Pourquoi sommes-nous parfois poussés à acheter des produits dont nous n'avons pas réellement besoin ? Quels sont les effets à long terme de la surconsommation sur notre stabilité financière, notre bien-être personnel, et même sur la planète ?

Au cours de notre exploration, nous examinerons les mécanismes psychologiques derrière nos désirs d'achat impulsifs, les tactiques utilisées par les spécialistes du marketing pour influencer nos décisions, et les conséquences de ces choix sur notre vie quotidienne. Nous irons au-delà de la simple analyse des risques pour proposer des stratégies concrètes pour éviter les pièges de la surconsommation et prendre des décisions de consommation plus éclairées.

En fin de compte, ce livre a pour objectif de vous armer de connaissances, de compétences et d'une conscience critique pour naviguer dans un monde de plus en plus axé sur la consommation. En comprenant mieux les forces qui façonnent nos habitudes de consommation, vous serez en mesure de prendre le contrôle de vos choix financiers, de vivre de manière plus authentique et de contribuer à la création d'un avenir où la responsabilité et l'éthique prévalent. Préparez-vous à un voyage passionnant à travers les méandres du merchandising et de la surconsommation, où chaque page vous rapprochera d'une compréhension plus profonde et d'une vie financière plus équilibrée.

1.2 - Introduction à la philosophie de gestion financière responsable.

L'introduction à la philosophie de gestion financière responsable est une porte d'entrée vers une approche de la gestion de l'argent qui va bien au-delà des chiffres et des transactions. Elle nous invite à réfléchir profondément sur la manière dont nous utilisons nos ressources financières, sur les valeurs qui sous-tendent nos choix, et sur l'impact que nos décisions ont sur nous-mêmes, sur la société et sur la planète.

La gestion financière responsable ne se limite pas à l'accumulation de richesses matérielles, mais englobe une vision plus large de la prospérité, qui inclut le bien-être personnel, la durabilité, l'éthique et la responsabilité. C'est une philosophie qui nous pousse à prendre en considération non seulement nos besoins présents, mais aussi les besoins des générations futures.

Au cours de cette exploration, nous aborderons des thèmes essentiels tels que la réflexion sur nos valeurs matérialistes, la recherche du bonheur au-delà de la possession de biens matériels, et la manière d'équilibrer la quête de biens avec la recherche d'une vie épanouissante. Nous verrons que la gestion financière responsable va au-delà de la simple planification budgétaire ; elle s'inscrit dans une perspective plus large de bien-être et de responsabilité envers nous-mêmes et envers le monde.

Alors, préparez-vous à explorer les profondeurs de la philosophie de gestion financière responsable, où chaque concept, chaque idée et chaque réflexion vous rapprochera d'une compréhension plus profonde de la manière dont vous pouvez forger un avenir financier qui reflète vos convictions éthiques et vos aspirations à une vie plus épanouissante.

2. L'Appétit de l'achat

Bienvenue dans la première partie de notre exploration intitulée "L'Appétit de l'achat". Dans cette section, nous plongerons profondément dans les mécanismes psychologiques, les influences marketing, et les stratégies pour développer une conscience critique face à notre désir d'acheter et de consommer. Découvrez comment comprendre et maîtriser ces forces peut vous aider à faire des choix d'achat plus éclairés, économiques et alignés avec vos valeurs. Préparez-vous à explorer les aspects fascinants de notre comportement d'achat, à dévoiler les mystères de la publicité et à découvrir des stratégies pour une consommation plus réfléchie et responsable.

2.1 - Exploration des mécanismes psychologiques derrière l'envie d'acheter et de surconsommer :

L'exploration des mécanismes psychologiques derrière l'envie d'acheter et de surconsommer est une étude fascinante dans le domaine de la psychologie économique et du comportement des consommateurs. Cette recherche vise à décortiquer les motivations profondes qui poussent les individus à acheter plus que ce dont ils ont réellement besoin, souvent de manière compulsive.

Plusieurs facteurs psychologiques interviennent dans ce phénomène complexe. Tout d'abord, la publicité et le marketing exercent une influence significative en créant des besoins artificiels et en suscitant le désir de posséder des produits. Les émotions, telles que financières, sur les valeurs qui sous-tendent nos choix, et sur l'impact que nos décisions ont sur nous-mêmes, sur la société et sur la planète.

La gestion financière responsable ne se limite pas à l'accumulation de richesses matérielles, mais englobe une vision plus large de la prospérité, qui inclut le bien-être personnel, la durabilité, l'éthique et la responsabilité. C'est une philosophie qui nous pousse à prendre en considération non seulement nos besoins présents, mais aussi les besoins des générations futures.

Au cours de cette exploration, nous aborderons des thèmes essentiels tels que la réflexion sur nos valeurs matérialistes, la recherche du bonheur au-delà de la possession de biens matériels, et la manière d'équilibrer la quête de biens avec la recherche d'une vie épanouissante. Nous verrons que la gestion financière responsable va au-delà de la simple planification budgétaire ; elle s'inscrit dans une perspective plus large de bien-être et de responsabilité envers nous-mêmes et envers le monde.

Alors, préparez-vous à explorer les profondeurs de la philosophie de gestion financière responsable, où chaque concept, chaque idée et chaque réflexion vous rapprochera d'une compréhension plus profonde de la manière dont vous pouvez forger un avenir financier qui reflète vos convictions éthiques et vos aspirations à une vie plus épanouissante.

2. L'Appétit de l'achat

Bienvenue dans la première partie de notre exploration intitulée "L'Appétit de l'achat". Dans cette section, nous plongerons profondément dans les mécanismes psychologiques, les influences marketing, et les stratégies pour développer une conscience critique face à notre désir d'acheter et de consommer. Découvrez comment comprendre et maîtriser ces forces peut vous aider à faire des choix d'achat plus éclairés, économiques et alignés avec vos valeurs. Préparez-vous à explorer les aspects fascinants de notre comportement d'achat, à dévoiler les mystères de la publicité et à découvrir des stratégies pour une consommation plus réfléchie et responsable.

2.1 - Exploration des mécanismes psychologiques derrière l'envie d'acheter et de surconsommer :

L'exploration des mécanismes psychologiques derrière l'envie d'acheter et de surconsommer est une étude fascinante dans le domaine de la psychologie économique et du comportement des consommateurs. Cette recherche vise à décortiquer les motivations profondes qui poussent les individus à acheter plus que ce dont ils ont réellement besoin, souvent de manière compulsive.

Plusieurs facteurs psychologiques interviennent dans ce phénomène complexe. Tout d'abord, la publicité et le marketing exercent une influence significative en créant des besoins artificiels et en suscitant le désir de posséder des produits. Les émotions, telles que

Ce livre est un voyage, une exploration des multiples facettes de la finance personnelle et de la consommation éthique. Vous êtes au centre de cette aventure, et votre quête de la sagesse financière commence ici. Préparez-vous à repenser vos priorités, à affiner vos valeurs et à forger un avenir financier qui vous ressemble, tout en contribuant positivement à un monde plus responsable et durable.

1.1 - Présentation de l'objectif de l'ouvrage : Comprendre le rôle du merchandising et de la surconsommation dans nos vies.

L'objectif principal de cet ouvrage est d'approfondir notre compréhension du rôle du merchandising et de la surconsommation dans nos vies. En plongeant dans ces sujets cruciaux, nous chercherons à répondre à des questions essentielles : Comment le marketing influence-t-il nos choix d'achat ? Pourquoi sommes-nous parfois poussés à acheter des produits dont nous n'avons pas réellement besoin ? Quels sont les effets à long terme de la surconsommation sur notre stabilité financière, notre bien-être personnel, et même sur la planète ?

Au cours de notre exploration, nous examinerons les mécanismes psychologiques derrière nos désirs d'achat impulsifs, les tactiques utilisées par les spécialistes du marketing pour influencer nos décisions, et les conséquences de ces choix sur notre vie quotidienne. Nous irons au-delà de la simple analyse des risques pour proposer des stratégies concrètes pour éviter les pièges de la surconsommation et prendre des décisions de consommation plus éclairées.

En fin de compte, ce livre a pour objectif de vous armer de connaissances, de compétences et d'une conscience critique pour naviguer dans un monde de plus en plus axé sur la consommation. En comprenant mieux les forces qui façonnent nos habitudes de consommation, vous serez en mesure de prendre le contrôle de vos choix financiers, de vivre de manière plus authentique et de contribuer à la création d'un avenir où la responsabilité et l'éthique prévalent. Préparez-vous à un voyage passionnant à travers les méandres du merchandising et de la surconsommation, où chaque page vous rapprochera d'une compréhension plus profonde et d'une vie financière plus équilibrée.

1.2 - Introduction à la philosophie de gestion financière responsable.

L'introduction à la philosophie de gestion financière responsable est une porte d'entrée vers une approche de la gestion de l'argent qui va bien au-delà des chiffres et des transactions. Elle nous invite à réfléchir profondément sur la manière dont nous utilisons nos ressources l'envie, la satisfaction immédiate et le désir de statut social, jouent un rôle majeur dans la prise de décision d'achat. Les individus peuvent également être influencés par la pression sociale, cherchant à se conformer aux normes de consommation de leur groupe social ou à se démarquer en achetant des produits de luxe.

D'un point de vue psychologique, l'achat compulsif peut être lié à des mécanismes d'auto-gratification, où l'acte d'achat procure un soulagement temporaire du stress, de l'anxiété ou de la dépression. Cependant, cette satisfaction est souvent de courte durée, ce qui peut entraîner un cycle de surconsommation et de surendettement.

Il est important de noter que la compréhension de ces mécanismes psychologiques peut aider les individus à mieux gérer leurs comportements d'achat et à prendre des décisions plus éclairées. Elle peut également être utile pour les professionnels du marketing et de la publicité afin qu'ils adoptent des pratiques plus éthiques et responsables, en évitant de manipuler les émotions des consommateurs de manière excessive.

En somme, l'exploration des mécanismes psychologiques sous-jacents à l'envie d'acheter et de surconsommer est essentielle pour une compréhension approfondie de nos comportements de consommation et pour promouvoir un mode de vie plus équilibré et responsable.

2.2 - Analyse de l'influence des médias, de la publicité et de la programmation neuro-linguistique sur nos habitudes d'achat.

L'analyse de l'influence des médias, de la publicité et de la programmation neuro-linguistique sur nos habitudes d'achat révèle un paysage complexe où ces facteurs interagissent pour façonner nos comportements de consommation.

Tout d'abord, les médias jouent un rôle central dans la formation de nos préférences et de nos habitudes d'achat. Les émissions de télévision, les films, les magazines et les médias sociaux exposent constamment les consommateurs à des produits, des styles de vie et des normes de beauté. Cette exposition constante crée un contexte dans lequel les individus sont incités à aspirer à un certain mode de vie, ce qui peut influencer leurs décisions d'achat.

La publicité, en particulier, est conçue pour susciter le désir d'achat. Les publicitaires utilisent diverses techniques, y compris l'émotion, le désir de statut, la peur de manquer quelque chose (FOMO), et même la programmation neuro-linguistique (PNL) pour influencer les consommateurs. La PNL consiste en l'utilisation de mots, de phrases et de techniques de communication spécifiques pour influencer les pensées et les comportements des individus. Bien que son efficacité puisse être sujette à débat, certains marketeurs l'emploient pour créer des messages publicitaires puissants et persuasifs.

La PNL peut également jouer un rôle subtil dans la manière dont les médias et la publicité nous affectent. En utilisant des mots et des images soigneusement choisis, les messages publicitaires peuvent influencer notre perception des produits et notre volonté d'achat. Par exemple, l'utilisation de termes positifs et d'images attrayantes peut créer une association positive avec un produit, ce qui peut rendre plus probable son achat.

Il est important de noter que, bien que ces influences puissent être puissantes, elles ne déterminent pas entièrement nos habitudes d'achat. Les individus ont toujours une certaine autonomie et la capacité de prendre des décisions éclairées. Une prise de conscience de ces influences peut aider les consommateurs à prendre des décisions plus réfléchies et à résister à la pression de la publicité et des médias.

En fin de compte, l'analyse de l'influence des médias, de la publicité et de la PNL sur nos habitudes d'achat met en lumière la nécessité d'une consommation critique et éclairée. Elle nous rappelle que, en tant que consommateurs, nous avons le pouvoir de décider ce que nous achetons et pourquoi, et que nous pouvons choisir de ne pas être simplement des marionnettes des messages publicitaires et médiatiques.

2.3 - Conseils pour développer une conscience critique face aux techniques de marketing.

Développer une conscience critique face aux techniques de marketing est essentiel pour prendre des décisions d'achat éclairées et éviter d'être influencé de manière excessive par la publicité. Voici quelques conseils pour renforcer votre capacité à faire preuve de discernement face aux stratégies marketing :

2.3.1 Éduquez-vous sur les techniques de marketing :

Absorber une connaissance approfondie des techniques de marketing est une étape cruciale pour développer une conscience critique face à la publicité et aux pratiques marketing. Voici comment vous pouvez vous éduquer davantage sur ce sujet :

2.3.1.1 Apprenez la PNL et la psychologie du consommateur :

La PNL est une méthode de communication qui a été utilisée dans la publicité pour influencer les pensées et les comportements des consommateurs. Il existe de nombreuses ressources en ligne et des livres qui expliquent en détail la PNL et ses applications dans le marketing. La compréhension de la psychologie du consommateur, y compris les biais cognitifs et les motivations d'achat, est également essentielle. Des cours en ligne, des livres et des articles universitaires peuvent vous aider à approfondir vos connaissances dans ce domaine.

2.3.1.2 Lisez des livres et des articles sur le marketing :

Il existe une multitude de livres et d'articles écrits par des experts en marketing qui dévoilent les tactiques et les stratégies utilisées dans le domaine. Des ouvrages tels que "Influence et manipulation" de Robert Cialdini ou "L'art subtil de s'en foutre" de Mark Manson explorent la psychologie derrière le marketing. Les revues académiques spécialisées en marketing sont également une source précieuse d'informations.

2.3.1.3 Suivez les actualités du marketing :

Restez à jour sur les dernières tendances et les évolutions du marketing en suivant des blogs, des podcasts, des chaînes YouTube ou des comptes sociaux de spécialistes du marketing. Ces ressources peuvent vous informer sur les nouvelles techniques et les campagnes publicitaires en cours.

2.3.1.4 Participez à des cours en ligne ou à des ateliers :

De nombreux cours en ligne gratuits ou payants sont disponibles sur des plateformes éducatives telles que Coursera, edX, ou Udemy. Ils couvrent une variété de sujets liés au marketing, de la publicité numérique à la gestion de la marque. Les ateliers et les webinaires animés par des experts du domaine peuvent également vous offrir des opportunités d'apprentissage interactif.

2.3.1.5 Analysez les publicités et les campagnes marketing :

Prenez l'habitude d'examiner attentivement les publicités que vous voyez autour de vous. Analysez les messages, les images, les couleurs, et les émotions qu'elles essaient de susciter. Demandez-vous quelles techniques de marketing sont utilisées et quel est l'objectif de la publicité.

2.3.1.6 Partagez vos connaissances avec d'autres :

En discutant des techniques de marketing avec d'autres personnes, vous renforcez votre compréhension et favorisez la prise de conscience collective. Vous pouvez également sensibiliser votre entourage à ces techniques et les aider à devenir plus conscients de l'influence de la publicité.

L'éducation sur les techniques de marketing vous donnera un regard averti sur les messages publicitaires et vous aidera à prendre des décisions d'achat plus éclairées. Elle vous permettra également de distinguer les publicités éthiques de celles qui utilisent des stratégies manipulatrices. En fin de compte, cela vous donnera un plus grand contrôle sur vos habitudes de consommation.

2.3.2 Soyez conscient des émotions :

La prise de conscience de l'influence émotionnelle de la publicité est cruciale pour développer une attitude critique vis-à-vis des messages marketing. Voici comment vous pouvez être plus conscient des émotions et de leur manipulation dans la publicité :

2.3.2.1 Identifiez les émotions suscitées :

Lorsque vous regardez une publicité ou lisez une promotion, essayez d'identifier les émotions qu'elle cherche à éveiller en vous. Par exemple, une publicité pour une voiture de luxe peut tenter de susciter le désir et l'envie, tandis qu'une annonce pour un produit de sécurité à domicile peut jouer sur la peur.

2.3.2.2 Analysez vos propres réactions :

Faites un effort pour vous interroger sur vos propres réactions émotionnelles à une publicité. Demandez-vous si vos émotions sont authentiques, c'est-à-dire si elles sont suscitées par le message lui-même, ou si elles sont le résultat de techniques de manipulation émotionnelle. Par exemple, une publicité pour des produits alimentaires peut vous donner faim, mais est-ce réellement une faim naturelle ou une envie créée par la publicité ?

2.3.2.3 Comprenez les tactiques émotionnelles :

Familiarisez-vous avec les tactiques courantes que la publicité utilise pour influencer les émotions. Cela peut inclure l'utilisation de musique, de couleurs, d'images suggestives, d'histoires émotionnelles, et même de célébrités pour évoquer des sentiments particuliers.

2.3.2.4 Questionnez la sincérité :

Soyez sceptique face à des publicités qui semblent exploiter des émotions sensibles ou des problèmes sociaux graves à des fins commerciales. Par exemple, certaines publicités caritatives peuvent utiliser des images émouvantes pour susciter des dons, mais il est important de s'assurer que l'argent sera effectivement utilisé à des fins humanitaires.

2.3.2.5 Donnez-vous du temps :

Lorsque vous êtes exposé à une publicité qui évoque une forte émotion, prenez du recul et attendez avant de prendre une décision d'achat. Les émotions intenses peuvent nuire à votre capacité à prendre des décisions rationnelles. Prenez le temps de réfléchir et de considérer si l'achat est vraiment dans votre intérêt.

2.3.2.6 Échangez avec d'autres personnes :

Discutez de publicités avec vos amis ou votre famille. Partager vos réactions émotionnelles et comparer vos expériences peut aider à mettre en lumière les tactiques de manipulation émotionnelle.

2.3.2.7 Soyez conscient des publicités ciblées :

Les publicités en ligne sont souvent personnalisées en fonction de vos données personnelles. Soyez conscient que ces publicités peuvent être conçues pour cibler spécifiquement vos émotions et vos intérêts. Prenez du recul et interrogez-vous sur l'authenticité de vos émotions dans de tels cas.

En développant votre conscience des émotions manipulées par la publicité, vous serez mieux préparé à prendre des décisions d'achat basées sur vos besoins réels plutôt que sur des réactions impulsives. Vous serez également en mesure de reconnaître les publicités qui cherchent à exploiter vos émotions de manière inappropriée. Cela vous aidera à devenir un consommateur plus averti et critique.

2.3.3 Remettez en question les promesses exagérées :

Remettre en question les promesses exagérées est un aspect essentiel de la prise de décision éclairée en matière d'achat. De nombreuses publicités ont tendance à exagérer les avantages de leurs produits ou services pour attirer l'attention des consommateurs. Voici comment vous pouvez être plus critique à cet égard :

2.3.3.1 Examinez les affirmations spécifiques :

Lorsque vous lisez ou entendez une affirmation dans une publicité, prenez le temps de l'analyser en détail. Si elle prétend qu'un produit peut résoudre un problème en un temps record, demandez-vous si cela semble réaliste compte tenu de vos connaissances actuelles.

2.3.3.2 Faites des recherches indépendantes :

Si une promesse semble extraordinaire, effectuez des recherches indépendantes pour vérifier sa validité. Utilisez des sources fiables, telles que des sites Web d'examens de produits ou des rapports de consommateurs, pour obtenir des informations impartiales sur le produit ou le service en question.

2.3.3.3 Lisez les petits caractères :

Souvent, les détails importants sont dissimulés dans les petits caractères des publicités. Prenez le temps de lire les clauses de non-responsabilité et les conditions de l'offre. Parfois, les restrictions et les limitations sont cachées dans ces clauses.

2.3.3.4 Soyez conscient des superlatifs :

Soyez attentif aux termes superlatifs tels que "le meilleur", "le plus efficace", "le plus rapide" utilisés de manière excessive. Ces termes sont souvent subjectifs et peuvent être difficiles à vérifier.

2.3.3.5 Demandez des preuves concrètes :

Si une publicité prétend que son produit est soutenu par des études scientifiques ou des témoignages de clients, demandez à voir ces preuves. Méfiez-vous des affirmations sans preuves tangibles ou si les preuves semblent douteuses.

2.3.3.6 Comparez avec d'autres produits :

Comparez le produit ou le service en question avec des alternatives sur le marché. Parfois, une promesse exagérée peut être un signe que le produit n'est pas aussi compétitif qu'il le prétend.

2.3.3.7 Posez des questions :

N'hésitez pas à contacter l'entreprise ou le vendeur pour obtenir des éclaircissements sur les affirmations faites dans la publicité. Une entreprise légitime devrait être en mesure de fournir des informations précises.

2.3.3.8 Faites confiance à votre instinct :

Si quelque chose semble trop beau pour être vrai, c'est probablement le cas. Écoutez votre instinct et ne vous laissez pas emporter par des promesses extravagantes.

2.3.3.9 Lisez les avis de consommateurs :

Les avis et les commentaires de consommateurs peuvent vous donner un aperçu de l'expérience réelle des personnes qui ont acheté le produit. Cependant, soyez également vigilant face aux avis biaisés ou faux.

En remettant en question les promesses exagérées, vous pouvez éviter de dépenser de l'argent pour des produits ou des services qui ne répondent pas à vos attentes. Cela vous permettra de prendre des décisions d'achat plus réfléchies et d'investir votre argent de manière plus judicieuse.

2.3.4 Comparez et recherchez :

Avant de faire un achat, prenez le temps de comparer les produits ou services, de lire des avis, et de faire des recherches en ligne. Cela vous aidera à prendre une décision éclairée plutôt que de vous fier uniquement à la publicité.

Voici comment cette approche peut vous aider à éviter les pièges de la publicité et à faire des choix plus judicieux :

2.3.4.1 Identifiez vos besoins et vos critères :

Avant de commencer votre recherche, définissez clairement ce que vous recherchez dans un produit ou un service. Quels sont vos besoins, vos préférences et vos contraintes budgétaires ? Cette compréhension préalable vous aidera à cibler vos recherches.

2.3.4.2 Comparez les caractéristiques :

Une fois que vous avez identifié un produit ou un service qui vous intéresse, comparez attentivement ses caractéristiques techniques, ses spécifications et ses fonctionnalités avec d'autres produits similaires sur le marché. Cette comparaison vous permettra de déterminer si le produit répond à vos exigences.

2.3.4.3 Lisez des avis et des évaluations :

Les avis et les évaluations de consommateurs sont une ressource précieuse pour obtenir des informations objectives sur un produit ou un service. Consultez des sites Web d'avis, des forums de discussion et des réseaux sociaux pour lire les expériences d'autres personnes. Gardez à l'esprit que certains avis peuvent être biaisés, alors recherchez des commentaires crédibles et équilibrés.

2.3.4.4 Recherchez des comparaisons de prix :

Ne vous contentez pas du premier prix que vous trouvez. Recherchez plusieurs sources pour comparer les prix du même produit ou service. Des sites Web de comparaison de prix peuvent vous aider à trouver les meilleures offres.

2.3.4.5 Vérifiez la réputation du vendeur ou de la marque :

La réputation d'un vendeur ou d'une marque peut avoir un impact significatif sur la qualité du produit ou du service. Recherchez des informations sur la fiabilité, le service client et la satisfaction des clients liés à la marque ou au vendeur.

2.3.4.6 Tenez compte des retours et des garanties :

Avant d'acheter, examinez les politiques de retour et les garanties offertes par le vendeur ou le fabricant. Comprendre les conditions de retour et de garantie vous évitera des surprises désagréables en cas de problème avec le produit.

2.3.4.7 Consultez des sources fiables :

Recherchez des informations provenant de sources fiables, telles que des sites Web de consommateurs, des revues spécialisées, ou des experts reconnus dans le domaine du produit ou du service en question.

2.3.4.8 Prenez votre temps :

Évitez les achats impulsifs. Prenez le temps nécessaire pour effectuer des recherches approfondies. Plus vous investirez de temps dans la recherche, plus vous serez susceptible de prendre une décision d'achat éclairée.

2.3.4.9 Comparez les avantages et les inconvénients :

Pesez les avantages et les inconvénients potentiels du produit ou du service que vous envisagez. Tenez compte des compromis que vous pourriez devoir faire en fonction de vos priorités.

En comparant et en recherchant de manière approfondie, vous pouvez éviter de tomber dans le piège de la publicité trompeuse et prendre des décisions d'achat basées sur des informations solides. Cela vous permettra d'investir votre argent de manière plus judicieuse et de choisir des produits ou services qui répondent véritablement à vos besoins.

2.3.5 Faites une liste avant de faire des courses :

Établissez une liste des articles que vous avez réellement besoin avant de vous rendre dans un magasin ou de faire des achats en ligne. Cela vous aidera à rester concentré sur vos besoins plutôt que sur vos envies impulsives.

Voici comment cette méthode peut vous aider à prendre des décisions d'achat plus judicieuses :

2.3.5.1 Définissez vos priorités :

Avant de dresser votre liste de courses, réfléchissez à vos besoins essentiels. Quels articles sont vraiment nécessaires dans votre vie quotidienne ? Identifiez les produits ou les services qui répondent à des besoins spécifiques, tels que la nourriture, les articles de toilette, ou les articles scolaires, par exemple.

2.3.5.2 Évitez les achats impulsifs :

Lorsque vous faites des achats sans liste, vous êtes plus susceptible d'être tenté par des articles non essentiels qui peuvent sembler attrayants en magasin. En ayant une liste préétablie, vous vous donnez une directive claire et vous réduisez le risque de céder à des achats impulsifs.

2.3.5.3 Économisez du temps et de l'argent :

En planifiant vos achats à l'avance, vous économisez du temps et de l'argent. Vous pouvez vous concentrer sur la recherche des produits spécifiques dont vous avez besoin, au lieu de parcourir les rayons à la recherche d'inspiration. De plus, vous évitez de dépenser de l'argent sur des choses inutiles.

2.3.5.4 Évitez le gaspillage :

Une liste de courses bien préparée vous aide à acheter la quantité exacte de produits nécessaires. Cela contribue à réduire le gaspillage alimentaire et à gérer plus efficacement votre budget.

2.3.5.5 Restez organisé :

Une liste de courses est également utile pour rester organisé et ne rien oublier. Vous évitez ainsi les allers-retours au magasin pour acheter des articles oubliés.

2.3.5.6 Évaluez vos besoins au fur et à mesure :

Lorsque vous faites vos courses, référez-vous à votre liste et évaluez soigneusement chaque article avant de le mettre dans votre panier. Demandez-vous si cet achat est vraiment nécessaire ou si c'est une envie impulsif. Cette pause de réflexion peut vous aider à prendre des décisions plus éclairées.

2.3.5.7 Adaptez votre liste au lieu de vie :

Si votre liste de courses est adaptée à votre mode de vie, elle peut évoluer en fonction de vos besoins. Par exemple, si vous commencez à adopter un régime alimentaire plus sain, ajustez votre liste pour inclure des aliments nutritifs.

2.3.5.8 Utilisez des applications de liste de courses :

Il existe des applications de liste de courses qui vous permettent de créer et de gérer vos listes sur votre téléphone ou votre tablette. Certaines applications vous aident même à organiser vos articles par catégorie et à suivre vos dépenses.

En suivant cette méthode de faire une liste avant de magasiner, vous pouvez non seulement économiser de l'argent, mais aussi réduire les achats impulsifs, améliorer votre organisation et vous concentrer sur l'achat des articles dont vous avez réellement besoin. C'est une pratique simple, mais elle peut avoir un impact significatif sur votre gestion de votre budget et de vos ressources.

2.3.6 Limitez votre exposition à la publicité :

Réduisez le temps que vous passez devant la télévision et sur les médias sociaux, où la publicité est omniprésente. Moins vous êtes exposé à la publicité, moins elle peut influencer vos choix.

Il s'agit là, d'une stratégie puissante pour réduire l'influence de la publicité sur vos choix d'achat et promouvoir une consommation plus consciente. Voici pourquoi et comment cette approche peut vous être bénéfique :

2.3.6.1 Réduction des stimuli publicitaires :

Les publicités sont conçues pour attirer votre attention et susciter des émotions. En limitant votre exposition à la publicité, vous diminuez la quantité de stimuli publicitaires auxquels votre cerveau est exposé. Cela vous permet de prendre des décisions d'achat plus objectives et moins impulsives.

2.3.6.2 Réduction des achats impulsifs :

Les médias sociaux et la télévision sont souvent des plates-formes où les publicités sont intégrées de manière subtile. En réduisant le temps que vous passez sur ces plateformes, vous êtes moins susceptible de voir des publicités qui vous incitent à des achats impulsifs.

2.3.6.3 Économie de temps et d'argent :

Moins de temps passé à être exposé à la publicité signifie plus de temps disponible pour des activités productives ou des loisirs, et moins de tentations d'achat inutiles. Vous économiserez ainsi de l'argent en évitant des dépenses impulsives.

2.3.6.4 Prise de décision plus réfléchie :

Lorsque vous réduisez votre exposition à la publicité, vous avez l'occasion de réfléchir plus calmement à vos besoins réels et à vos priorités. Vous pouvez ainsi évaluer si un achat est vraiment nécessaire plutôt que de céder à l'influence de la publicité.

2.3.6.5 Favorise une consommation consciente :

En limitant votre exposition à la publicité, vous pouvez vous concentrer sur des sources d'information plus objectives pour prendre des décisions d'achat. Vous devenez ainsi un consommateur plus conscient, capable de choisir des produits ou services en fonction de leurs caractéristiques réelles plutôt que de leurs promesses publicitaires.

2.3.6.6 Protège votre bien-être mental :

Les publicités visent souvent à créer des besoins artificiels et à susciter des sentiments d'insatisfaction. Une exposition excessive à la publicité peut avoir un impact négatif sur votre bien-être mental. En réduisant cette exposition, vous pouvez préserver votre tranquillité d'esprit.

Pour limiter votre exposition à la publicité, envisagez les actions suivantes :

- Utilisez des bloqueurs de publicités en ligne pour réduire la quantité de publicités que vous voyez pendant votre navigation sur Internet.
- Programmez des plages horaires spécifiques pour utiliser les médias sociaux et la télévision, et respectez ces limites.
- Soyez sélectif dans les chaînes de télévision que vous regardez et les sites Web que vous visitez, en évitant ceux qui ont une publicité excessive.
- Favorisez les médias et les plateformes qui offrent des options d'abonnement payant sans publicité.
- Utilisez des services de streaming sans publicité si vous regardez des émissions ou des films en ligne.

En limitant votre exposition à la publicité, vous pouvez reprendre le contrôle sur vos décisions d'achat, réduire les dépenses impulsives et adopter un mode de vie plus réfléchi et équilibré.

2.3.7 Soyez conscient de la personnalisation :

De nombreuses entreprises utilisent des données personnelles pour personnaliser leurs publicités en fonction de vos préférences. Soyez conscient que ces annonces peuvent être conçues pour vous inciter à acheter davantage, et prenez du recul.

Cela revêt une importance croissante à l'ère de la collecte massive de données et de la publicité en ligne ciblée. Il est essentiel de comprendre comment les entreprises utilisent vos informations personnelles pour personnaliser leurs publicités et comment cela peut influencer vos décisions d'achat. Voici pourquoi cette prise de conscience est cruciale et comment vous pouvez gérer cette réalité :

2.3.7.1 Pourquoi c'est important :

2.3.7.1.1 Influence subtile :

Les publicités personnalisées sont conçues pour vous sembler plus pertinentes en fonction de vos préférences et de votre comportement antérieur en ligne. Cette personnalisation peut rendre les publicités plus convaincantes et augmenter la probabilité que vous cliquiez dessus ou que vous les remarquiez.

2.3.7.1.2 Renforcement des habitudes d'achat :

Les publicités personnalisées sont souvent utilisées pour renforcer les habitudes d'achat existantes en vous montrant des produits ou services similaires à ceux que vous avez déjà achetés. Cela peut vous inciter à dépenser davantage sur des articles que vous achetez régulièrement.

2.3.7.1.3 Création d'envie :

Les publicités personnalisées peuvent créer un sentiment d'envie en montrant des produits ou des offres qui correspondent à vos intérêts et à vos aspirations. Cette technique peut vous inciter à acheter des articles que vous n'auriez peut-être pas envisagés autrement.

2.3.7.2 Comment être conscient de la personnalisation :

2.3.7.2.1 Gérez vos paramètres de confidentialité :

Explorez les paramètres de confidentialité de vos comptes en ligne, des médias sociaux aux sites de commerce électronique, et ajustez-les en fonction de votre niveau de confort. Vous pouvez souvent choisir de limiter la collecte de données et de désactiver la personnalisation des annonces.

2.3.7.2.2 Optez pour la navigation privée :

Utilisez la navigation privée ou le mode incognito de votre navigateur pour limiter la quantité de données que les sites Web peuvent collecter sur vous.

2.3.7.2.3 Utilisez des bloqueurs de suivi :

Les extensions de navigateur telles que les bloqueurs de suivi peuvent empêcher les entreprises de collecter des informations sur votre comportement de navigation.

2.3.7.2.4 Soyez conscient des cookies :

Les cookies sont de petits fichiers texte utilisés pour suivre votre activité en ligne. Vous pouvez les effacer régulièrement ou utiliser des paramètres pour les gérer.

2.3.7.2.5 Ne partagez pas d'informations personnelles inutiles :

Soyez sélectif dans le partage d'informations personnelles en ligne, que ce soit lors de la création de comptes sur des sites Web ou lors de l'inscription à des newsletters.

2.3.7.2.6 Prenez du recul avant d'acheter :

Lorsque vous voyez des publicités personnalisées, prenez du recul avant de faire un achat impulsif. Demandez-vous si vous avez vraiment besoin de l'article ou si vous êtes influencé par la personnalisation.

2.3.7.2.7 Diversifiez vos sources d'information :

Ne vous limitez pas à un seul site ou à une seule plateforme pour obtenir des informations sur un produit ou un service. Consultez diverses sources indépendantes pour une vue d'ensemble plus équilibrée.

La prise de conscience de la personnalisation publicitaire peut vous aider à maintenir le contrôle sur vos décisions d'achat et à éviter d'être manipulé par des annonces conçues pour vous inciter à dépenser davantage. En gérant activement vos paramètres de confidentialité et en restant vigilant, vous pouvez profiter d'une expérience en ligne plus sécurisée et plus réfléchie.

2.3.8 Pratiquez la patience :

Évitez les achats impulsifs. Si vous ressentez le besoin d'acheter quelque chose immédiatement après l'avoir vu dans une publicité, attendez un certain temps pour voir si ce désir persiste.

Il s'agit là d'une stratégie efficace pour éviter les achats impulsifs et prendre des décisions d'achat plus réfléchies. Voici comment vous pouvez mettre en pratique cette approche :

2.3.8.1 Pourquoi c'est important :

2.3.8.1.1 Éviter les achats impulsifs :

Les achats impulsifs sont souvent dictés par l'émotion et la spontanéité plutôt que par une réflexion rationnelle. En attendant un peu avant de faire un achat, vous donnez à votre esprit le temps de réfléchir et d'évaluer si l'achat est réellement nécessaire.

2.3.8.1.2 Réduire les dépenses inutiles :

La patience vous permet de distinguer entre les désirs temporaires et les besoins réels. Vous êtes moins susceptible de dépenser de l'argent pour des articles que vous pourriez regretter plus tard.

2.3.8.1.3 Prendre des décisions éclairées :

En prenant le temps de réfléchir, vous pouvez examiner plus attentivement les caractéristiques du produit, comparer les prix, lire des avis, et évaluer si l'achat est en ligne avec vos objectifs financiers et vos besoins réels.

2.3.8.2 Comment pratiquer la patience :

2.3.8.2.1 Établissez une période d'attente :

Avant de faire un achat impulsif, décidez de mettre en place une période d'attente, que ce soit quelques heures, quelques jours ou même quelques semaines. Utilisez ce temps pour réfléchir à l'achat et évaluer son importance.

2.3.8.2.2 Faites une liste de souhaits :

Si vous avez des articles que vous souhaitez acheter mais dont vous n'avez pas besoin immédiatement, créez une liste de souhaits. Vous pouvez y ajouter les articles que vous envisagez d'acheter ultérieurement. Revenez régulièrement sur cette liste pour évaluer si ces désirs persistent.

2.3.8.2.3 Éloignez-vous de la situation d'achat :

Si vous êtes en magasin ou sur un site Web prêt à faire un achat impulsif, prenez une pause en vous éloignant de la situation. Quittez le magasin ou fermez la page du site Web pour réfléchir calmement.

2.3.8.2.4 Consultez un ami ou un membre de la famille :

Parlez de vos intentions d'achat avec quelqu'un en qui vous avez confiance. Cette personne peut vous offrir une perspective extérieure et vous aider à prendre une décision plus éclairée.

2.3.8.2.5 Évaluez le besoin réel :

Demandez-vous si l'achat répond à un besoin réel ou s'il s'agit d'un désir impulsif. Réfléchissez à la fréquence à laquelle vous utiliserez l'article et s'il contribuera réellement à votre vie.

2.3.8.2.6 Pratiquez la gratitude :

Pensez aux biens et aux possessions que vous avez déjà. La pratique de la gratitude peut vous aider à réaliser que vous avez déjà beaucoup et que vous n'avez peut-être pas besoin de plus.

2.3.8.2.7 Gardez un budget :

Avoir un budget en place peut vous aider à suivre vos dépenses et à voir comment un achat impulsif affecte votre situation financière globale. Cette prise de conscience peut être un facteur de motivation pour éviter les achats impulsifs.

En pratiquant la patience, vous renforcez votre capacité à prendre des décisions d'achat réfléchies et à éviter les dépenses impulsives qui peuvent compromettre vos finances personnelles. Cela vous permet également de mieux apprécier les biens et les services que vous achetez, car ils sont choisis avec soin en fonction de vos besoins réels.

2.3.9 Partagez vos expériences :

Discutez de vos expériences d'achat avec des amis et des proches. Ils peuvent offrir un point de vue objectif et vous aider à évaluer si un achat est vraiment nécessaire.

C'est un moyen efficace d'obtenir des perspectives extérieures et de prendre des décisions d'achat plus éclairées. Voici comment vous pouvez mettre en pratique cette approche :

2.3.9.1 Pourquoi c'est important :

2.3.9.1.1 Obtenir des points de vue différents :

Vos amis et votre famille ont des expériences et des opinions variées. En partageant vos intentions d'achat avec eux, vous pouvez bénéficier de perspectives différentes et de conseils précieux.

2.3.9.1.2 Éviter les achats impulsifs :

Parler de vos achats avec d'autres personnes peut vous aider à éviter de prendre des décisions impulsives. Vos proches peuvent vous rappeler de réfléchir davantage à un achat et à évaluer s'il est vraiment nécessaire.

2.3.9.1.3 Trouver des alternatives :

En discutant de vos besoins et de vos souhaits avec d'autres personnes, vous pouvez découvrir des alternatives que vous n'auriez pas envisagées seul. Vous pourriez trouver des produits ou des services similaires à un meilleur prix ou de meilleure qualité.

2.3.9.2 Comment partager vos expériences :

2.3.9.2.1 Parlez ouvertement de vos intentions d'achat :

Partagez avec vos amis et votre famille ce que vous envisagez d'acheter et pourquoi vous le considérez. Soyez ouvert à leurs commentaires et à leurs questions.

2.3.9.2.2 Écoutez attentivement les avis :

Lorsque vous discutez de vos achats, écoutez attentivement les avis et les réactions de vos proches. Ils peuvent offrir des perspectives que vous n'avez pas envisagées.

2.3.9.2.3 Demandez des recommandations :

Si vous recherchez un produit ou un service spécifique, demandez à vos amis s'ils ont des recommandations basées sur leurs propres expériences. Leurs suggestions peuvent vous aider à trouver des options de qualité.

2.3.9.2.4 Soyez prêt à remettre en question vos choix :

Si vos amis ou votre famille expriment des préoccupations ou des doutes concernant un achat que vous envisagez, prenez le temps de réfléchir à ces commentaires. Ne soyez pas fermé à la possibilité de reconsidérer votre décision.

2.3.9.2.5 Ne laissez pas les autres décider pour vous :

Bien que les conseils des autres soient précieux, n'oubliez pas que la décision finale vous appartient. Utilisez les informations que vous avez recueillies pour prendre une décision éclairée qui correspond à vos besoins et à vos objectifs.

2.3.9.2.6 Participez à des discussions en ligne :

Si vous n'avez pas toujours la possibilité de discuter en personne de vos achats avec vos proches, envisagez de rejoindre des forums de discussion ou des groupes en ligne où vous pouvez partager vos expériences et obtenir des conseils d'autres consommateurs.

Partager vos expériences d'achat avec vos amis et votre famille peut renforcer votre confiance dans vos décisions d'achat et vous aider à éviter les achats impulsifs. C'est également un moyen précieux d'apprendre des expériences des autres et de trouver des solutions plus intelligentes pour répondre à vos besoins.

2.3.10 Soutenez les entreprises éthiques :

Soutenez les entreprises qui ont des pratiques éthiques et responsables en matière de marketing. Recherchez celles qui valorisent la transparence et la durabilité.

C'est un moyen puissant de contribuer à un changement positif dans le monde de la consommation tout en prenant des décisions d'achat plus responsables. Voici comment vous pouvez mettre en pratique cette approche :

2.3.10.1 Pourquoi c'est important :

2.3.10.1.1 Promouvoir la responsabilité sociale et environnementale :

En soutenant les entreprises éthiques, vous contribuez à encourager les pratiques commerciales responsables. Cela incite les entreprises à adopter des politiques de durabilité, à minimiser leur impact environnemental et à respecter les droits de l'homme.

2.3.10.1.2 Valoriser la transparence :

Les entreprises éthiques ont tendance à être plus transparentes quant à leur chaîne d'approvisionnement, leurs pratiques de fabrication et leurs politiques commerciales. Cela signifie que vous avez plus d'informations pour prendre des décisions d'achat éclairées.

2.3.10.1.3 Soutenir des valeurs personnelles :

Si vous valorisez la durabilité, l'éthique et la responsabilité sociale, le soutien aux entreprises qui partagent ces valeurs est cohérent avec vos croyances personnelles.

2.3.10.2 Comment soutenir les entreprises éthiques :

2.3.10.2.1 Recherchez des informations sur les entreprises :

Avant de faire un achat, renseignez-vous sur l'entreprise qui le produit. Explorez leur site Web, lisez leur rapport de durabilité, et recherchez des informations sur leurs pratiques commerciales.

2.3.10.2.2 Recherchez des certifications et des labels :

De nombreuses entreprises éthiques obtiennent des certifications et des labels de durabilité. Ces marques de qualité indiquent que l'entreprise respecte des normes éthiques et environnementales élevées.

2.3.10.2.3 Soutenez les entreprises locales:

Les entreprises locales ont souvent un engagement plus fort envers leur communauté et peuvent avoir des pratiques plus éthiques en matière d'emploi et d'environnement.

2.3.10.2.4 Favorisez la durabilité :

Recherchez des produits durables et respectueux de l'environnement. Cela peut inclure des produits fabriqués à partir de matériaux recyclés, des produits écoénergétiques ou des articles qui sont conçus pour durer.

2.3.10.2.5 Participez au dialogue avec les entreprises :

Contactez les entreprises pour poser des questions sur leurs pratiques. Demandez-leur des informations sur la source de leurs matières premières, leurs processus de fabrication et leurs engagements sociaux et environnementaux.

2.3.10.2.6 Faites preuve d'une consommation consciente :

Soyez prêt à payer un peu plus pour des produits et des services provenant d'entreprises éthiques. Vous investissez ainsi dans des entreprises qui ont un impact positif sur la société et l'environnement.

2.3.10.2.7 Partagez vos expériences :

Si vous découvrez une entreprise éthique qui propose d'excellents produits ou services, partagez votre expérience avec d'autres. Cela peut encourager davantage de personnes à soutenir des entreprises responsables.

En soutenant activement les entreprises éthiques, vous pouvez contribuer à promouvoir des pratiques commerciales plus responsables tout en satisfaisant vos besoins de consommation. Votre pouvoir en tant que consommateur peut avoir un impact significatif sur la manière dont les entreprises opèrent et sur la direction qu'elles prennent en matière d'éthique et de durabilité.

En développant une conscience critique et une compréhension approfondie des techniques de marketing, vous serez en mesure de prendre des décisions d'achat plus éclairées, de gérer vos dépenses de manière plus judicieuse, et de développer la capacité de résister à l'influence omniprésente de la publicité. Cette approche renforcera votre capacité à promouvoir une consommation plus réfléchie et responsable, alignée sur vos besoins réels et vos valeurs personnelles.

3. Les Risques de la Surconsommation : À la Découverte des Pièges Financiers

Dans ce chapitre, nous nous aventurons dans les méandres des risques associés à la surconsommation. Alors que la consommation effrénée peut sembler séduisante à première vue, elle comporte des dangers insidieux qui peuvent compromettre notre stabilité financière à long terme. C'est à travers cette exploration que nous apprendrons à mieux comprendre ces risques pour mieux les éviter.

Tout comme un navigateur chevronné examine attentivement les cartes avant de se lancer en mer, nous allons étudier les signes avant-coureurs de la surconsommation et les pièges financiers qui peuvent découler de cette voie. En comprenant ces risques, nous serons mieux équipés pour naviguer sur les eaux incertaines de la gestion financière et pour prendre des décisions éclairées.

Rejoignez-nous dans cette aventure de découverte, où nous examinerons de près les achats impulsifs, le surendettement, et les stratégies pour éviter ces écueils financiers. Ensemble, nous allons explorer les voies de la prudence financière et de la gestion avisée des ressources, en vue de bâtir un avenir plus stable et plus serein.

3.1 - Identification des risques liés à la surconsommation, y compris les achats impulsifs et le surendettement.

Dans cette section, nous nous pencherons sur l'identification des risques associés à la surconsommation, notamment les achats impulsifs et le surendettement. Il est essentiel de comprendre ces risques pour mieux les éviter et prendre des décisions d'achat plus judicieuses. Nous explorerons les facteurs qui contribuent à l'achat impulsif, les signes de surendettement à surveiller, et les mesures à prendre pour prévenir ces problèmes financiers. Rejoignez-nous dans cette exploration pour développer une compréhension plus approfondie des défis liés à la surconsommation et des moyens de les surmonter.

Explorons en détail les risques associés à la surconsommation, à savoir les achats impulsifs et le surendettement, ainsi que les mesures préventives à envisager :

3.1.1 Les facteurs contribuant à l'achat impulsif :

3.1.1.1 L'influence de la publicité :

Les publicités bien conçues peuvent susciter des désirs immédiats et inciter à des achats impulsifs en créant un sentiment d'urgence ou en exploitant les émotions.

3.1.1.2 La pression sociale :

Le désir de suivre les tendances ou de répondre aux attentes sociales peut entraîner des achats impulsifs, car il peut sembler nécessaire de posséder certains produits ou de participer à certaines activités.

3.1.1.3 L'accessibilité des crédits :

La facilité d'obtention de crédit, tels que les cartes de crédit ou les prêts à la consommation, peut encourager les achats impulsifs sans réfléchir aux conséquences financières à long terme.

3.1.1.4 L'effet de gratification instantanée :

Le besoin de satisfaction immédiate peut l'emporter sur la réflexion à long terme, conduisant à des achats impulsifs pour combler un vide émotionnel ou pour ressentir un plaisir immédiat.

3.1.2 Les signes de surendettement à surveiller :

3.1.2.1 Le paiement minimum des dettes :

Si vous ne remboursez que le paiement minimum de vos dettes chaque mois, vous risquez de vous enfoncer davantage dans le surendettement en raison des intérêts accumulés.

3.1.2.2 L'utilisation fréquente du crédit :

Si vous avez recours fréquemment au crédit pour des dépenses courantes ou pour rembourser d'autres dettes, cela peut indiquer un problème de surendettement.

3.1.2.3 L'incapacité à épargner :

Si vous ne parvenez pas à épargner ou à constituer un fonds d'urgence en raison de paiements de dettes élevés, cela peut être un signe de surendettement.

3.1.2.4 Les appels de créanciers :

Si vous recevez fréquemment des appels ou des lettres de créanciers, c'est un signe clair que vous êtes en difficulté financière.

3.1.3 Les mesures préventives pour éviter les achats impulsifs et le surendettement :

3.1.3.1 Établissez un budget :

Créez un budget qui fixe des limites claires pour vos dépenses mensuelles, en incluant une allocation pour l'épargne et le remboursement de dettes.

3.1.3.2 Pratiquez la patience :

Avant de faire un achat impulsif, attendez un certain temps pour voir si le désir persiste. Cela permet de différencier les besoins réels des impulsions.

3.1.3.3 Réduisez la dépendance au crédit :

Utilisez le crédit avec parcimonie et privilégiez le paiement au comptant lorsque c'est possible pour éviter d'accumuler des dettes.

3.1.3.4 Éduquez-vous financièrement :

Apprenez les bases de la gestion financière, y compris la gestion de la dette et l'investissement, pour prendre des décisions plus éclairées.

3.1.3.5 Établissez un fonds d'urgence :

Avoir un fonds d'urgence en place peut vous aider à faire face à des dépenses imprévues sans recourir au crédit.

3.1.3.6 Consultez un conseiller financier :

Si vous avez des problèmes de surendettement, envisagez de consulter un conseiller financier ou de crédit pour obtenir de l'aide et des conseils.

En mettant en œuvre ces mesures préventives et en cultivant une conscience aiguisée à l'égard de vos pratiques de consommation, vous serez en mesure de réduire de manière significative les risques associés aux achats impulsifs et au surendettement. En conséquence, vous jetterez les bases d'une stabilité financière solide et durable à long terme. Ces actions responsables non seulement protègent vos finances, mais elles vous permettent également de prendre le contrôle de votre avenir financier, en créant une assise financière robuste pour répondre à vos aspirations et à vos besoins à venir.

3.2 - Analyse des conséquences à long terme de la surconsommation sur la stabilité financière.

Explorons en détail l'analyse des conséquences à long terme de la surconsommation sur la stabilité financière. Il est essentiel de comprendre comment les choix de consommation excessifs peuvent avoir un impact profond sur vos finances au fil du temps.

En effet, l'analyse des conséquences à long terme de la surconsommation sur la stabilité financière revêt une importance cruciale dans le monde d'aujourd'hui, où la société est constamment exposée à des incitations à la consommation excessive. Cette exploration approfondie permet d'éclairer les individus sur les impacts souvent méconnus de leurs choix de consommation sur leur bien-être financier futur. En comprenant ces répercussions, les individus sont mieux équipés pour prendre des décisions financières plus éclairées et pour préserver la stabilité de leur avenir financier. Cette analyse sert de point de départ essentiel pour une gestion financière responsable et une planification pour un avenir financier sûr.

3.2.1 L'impact sur l'épargne :

La surconsommation exerce une pression significative sur votre capacité à épargner de l'argent de manière constante et significative. Cette pression peut être due à plusieurs facteurs :

3.2.1.1 Réduction de la marge financière :

Lorsque vous dépensez de manière excessive, vous allouez une grande partie de vos revenus à des achats impulsifs et non essentiels, ce qui limite la marge financière disponible pour l'épargne.

3.2.1.2 Absence de constitution d'une réserve d'urgence :

En négligeant l'épargne, vous vous retrouvez sans réserve financière pour faire face à des dépenses imprévues, comme des réparations de voiture ou des soins médicaux inattendus. Cela peut vous conduire à recourir à des emprunts coûteux en cas de besoin.

3.2.1.3 Difficulté à planifier pour l'avenir :

La surconsommation peut rendre ardue la création de plans financiers à long terme, tels que l'achat d'une maison, la préparation à la retraite ou l'éducation des enfants. Cela peut retarder vos objectifs financiers importants et entraîner une planification financière insuffisante pour l'avenir.

En négligeant l'épargne et en cédant à des habitudes de consommation excessives, vous risquez de vous trouver dans une position financière vulnérable, sans filet de sécurité pour faire face aux imprévus ou pour réaliser vos aspirations à long terme. Il est essentiel de reconnaître ces impacts sur l'épargne pour préserver votre stabilité financière sur le long terme.

3.2.2 Les effets sur les investissements :

L'influence de la surconsommation sur vos capacités d'investissement est un aspect crucial de la gestion financière à long terme, et il est important de le comprendre en détail :

3.2.2.1 Limitation de la capacité d'investissement :

La surconsommation peut entraver votre capacité à allouer des fonds pour des investissements judicieux. Les ressources financières qui pourraient être investies pourraient être dirigées vers des achats impulsifs plutôt que vers des opportunités d'investissement potentiellement lucratives.

3.2.2.2 Avantages de l'investissement à long terme :

En discutant des avantages de l'investissement à long terme par rapport à la consommation immédiate, il est essentiel de souligner que les investissements peuvent générer des rendements durables, contribuant ainsi à la création de richesse à long terme. Comparativement, la consommation immédiate se traduit souvent par une satisfaction temporaire, sans perspective d'augmentation de la valeur au fil du temps.

En comprenant comment la surconsommation peut entraver vos possibilités d'investissement et en reconnaissant les avantages de la patience et de l'investissement à long terme, vous serez mieux armé pour prendre des décisions financières éclairées et pour optimiser votre croissance financière à long terme. Cela peut s'avérer essentiel pour la réalisation de vos objectifs financiers à long terme et la préservation de votre stabilité financière.

3.2.3 La retraite compromise :

La manière dont la surconsommation peut affecter la préparation à la retraite est un sujet d'une importance capitale dans la gestion financière à long terme. Cette section permettra d'explorer en profondeur les conséquences de la surconsommation sur la retraite :

3.2.3.1 Retard dans la préparation à la retraite :

La surconsommation peut retarder la constitution de votre épargne retraite, car une grande partie de vos revenus est absorbée par des dépenses impulsives. Cela peut vous obliger à travailler plus longtemps que prévu pour atteindre vos objectifs financiers de retraite.

3.2.3.2 Risques financiers associés :

Il est crucial de discuter des risques financiers liés au fait de ne pas avoir suffisamment d'économies pour la retraite. Cela peut inclure la possibilité de ne pas maintenir le même niveau de vie à la retraite, de devoir compter sur les prestations sociales ou les proches, voire de ne pas pouvoir prendre une retraite anticipée si désirée.

En examinant comment la surconsommation peut entraver la préparation à la retraite et les risques financiers qui en découlent, nous soulignons l'importance de prendre des mesures pour garantir une retraite financièrement stable. La sensibilisation à ces défis financiers permettra aux individus de mieux planifier leur avenir et d'adopter des stratégies pour atteindre leurs objectifs de retraite en toute sécurité.

3.2.4 Le fardeau du surendettement :

La surconsommation peut entraîner des conséquences financières graves, notamment le surendettement, qui peut devenir un fardeau insurmontable pour de nombreuses personnes. Il est crucial de comprendre les risques associés à cette situation :

3.2.4.1 Risques de surendettement :

La surconsommation peut vous conduire à accumuler des dettes excessives, y compris des cartes de crédit, des prêts à la consommation, ou des prêts personnels. Ces dettes entraînent des paiements mensuels elevés, souvent à des taux d'intérêt élevés, ce qui peut devenir difficile à gérer sur le long terme.

3.2.4.2 Impact sur la stabilité financière :

Le surendettement peut avoir un impact dévastateur sur votre stabilité financière à long terme. Il peut vous empêcher d'économiser, d'investir, et même de maintenir un niveau de vie décent. Les créanciers peuvent poursuivre des mesures juridiques, et votre cote de crédit peut être gravement affectée, ce qui peut compliquer l'accès à des crédits futurs, y compris pour des besoins légitimes.

Comprendre les risques liés au surendettement causé par la surconsommation est essentiel pour éviter cette situation. En gérant judicieusement les finances personnelles et en évitant une consommation excessive, vous pouvez préserver votre stabilité financière à long terme et éviter de vous enliser dans le fardeau du surendettement.

3.2.5 La qualité de vie globale impactée :

La surconsommation a des répercussions profondes sur la qualité de vie dans tous les aspects, et il est essentiel de comprendre comment elle peut affecter votre bien-être général :

3.2.5.1 Impact sur la santé financière :

La surconsommation peut entraîner des problèmes financiers graves, y compris le surendettement, le manque d'épargne et l'incapacité à planifier pour l'avenir. Cela peut causer du stress financier, de l'anxiété et même des conflits familiaux liés à l'argent.

3.2.5.2 Conséquences physiques :

La surconsommation peut également avoir des effets physiques néfastes, car elle peut inciter à des habitudes de vie malsaines, comme une alimentation déséquilibrée, le manque d'exercice en raison d'achats excessifs de biens matériels au lieu de dépenser du temps pour la santé physique, et le stress associé aux problèmes financiers.

3.2.5.3 Impact sur la santé mentale :

Le stress financier résultant de la surconsommation peut affecter la santé mentale en provoquant de l'anxiété, de la dépression et un sentiment général de malaise. Les préoccupations constantes liées à l'argent peuvent également perturber la qualité de vie.

3.2.5.4 Avantages d'une consommation équilibrée :

Discuter des avantages d'une consommation plus équilibrée met en lumière la possibilité de vivre une vie plus épanouissante. Cela peut inclure des économies pour des expériences enrichissantes, une meilleure santé grâce à des habitudes de vie plus saines, et une stabilité financière qui permet de se concentrer sur les aspects plus gratifiants de la vie.

En comprenant les impacts négatifs de la surconsommation sur la qualité de vie globale et en reconnaissant les avantages d'une consommation équilibrée, les individus sont encouragés à reconsidérer leurs habitudes de consommation et à s'efforcer de trouver un équilibre qui favorise un bien-être général plus complet.

3.2.6 Les mesures correctives :

Lorsque vous avez pris conscience des conséquences à long terme de la surconsommation sur votre stabilité financière et votre qualité de vie globale, il est temps de prendre des mesures correctives pour rétablir l'équilibre. Voici quelques stratégies clés pour remédier à ces conséquences :

3.2.6.1 Élaboration d'un plan de remboursement de dettes :

Si vous êtes confronté au surendettement, établissez un plan de remboursement de dettes qui hiérarchise vos créances, définit un budget pour les paiements mensuels, et identifie des stratégies pour rembourser rapidement vos dettes.

3.2.6.2 Établissement d'un budget :

Créez un budget réaliste qui tient compte de vos revenus, de vos dépenses essentielles et de vos objectifs financiers. Un budget bien conçu vous permettra de gérer vos finances de manière responsable.

3.2.6.3 Augmentation de l'épargne :

Commencez à épargner régulièrement, même si ce n'est qu'un petit montant. L'accumulation d'économies vous offre une marge de manœuvre en cas de dépenses imprévues et vous aide à atteindre vos objectifs financiers à long terme.

3.2.6.4 Recherche de conseils financiers :

Si vous avez des difficultés financières importantes, envisagez de consulter un conseiller financier. Ils peuvent vous aider à élaborer un plan financier adapté à votre situation et à vos objectifs.

3.2.6.5 Réévaluation des habitudes de consommation :

Prenez du recul et réfléchissez à vos habitudes de consommation. Identifiez les domaines où vous pourriez réduire les dépenses inutiles et réallouer ces ressources vers des objectifs financiers plus importants.

3.2.6.6 Éducation financière continue :

Investissez dans votre éducation financière en apprenant les bases de la gestion financière personnelle, de l'investissement et du remboursement de dettes. Plus vous en savez, plus vous êtes en mesure de prendre des décisions éclairées.

En appliquant ces mesures correctives, vous pouvez progressivement redresser votre situation financière, éviter les conséquences néfastes de la surconsommation et travailler vers une stabilité financière à long terme. L'adoption de ces stratégies favorise une gestion financière plus responsable et un meilleur équilibre entre la satisfaction immédiate et la sécurité financière à long terme.

3.2.7 Conclusion :

L'exploration des conséquences à long terme de la surconsommation sur la stabilité financière et la qualité de vie met en lumière l'importance cruciale de la prise de conscience de nos habitudes de consommation. Cette analyse nous a permis de mettre en évidence plusieurs points clés :

- La surconsommation peut réduire notre capacité à épargner, investir et préparer notre retraite, entraînant des répercussions financières négatives à long terme.

- Elle peut également conduire au surendettement, avec des paiements de dettes élevés et des taux d'intérêt accrus, compromettant ainsi notre stabilité financière.

- La qualité de vie globale peut être impactée, affectant notre santé financière, physique et mentale.

Cependant, cette analyse nous offre également des solutions. En élaborant un plan de remboursement de dettes, en établissant un budget réaliste, en augmentant notre épargne et en recherchant des conseils financiers, nous pouvons redresser la barre.

La clé réside dans la réévaluation de nos habitudes de consommation, dans l'adoption de comportements financiers responsables et dans l'investissement dans notre éducation financière. En développant une conscience critique face à nos choix de consommation, nous sommes en mesure de prendre des décisions plus éclairées et responsables.

En fin de compte, cela nous permet de préserver notre stabilité financière à long terme tout en jouissant d'une meilleure qualité de vie. Il est temps de faire preuve de responsabilité financière, de trouver un équilibre entre la satisfaction immédiate et la sécurité financière à long terme, et de travailler vers un avenir financier plus stable et épanouissant.

3.3 - Stratégies pour éviter les pièges de la surconsommation et optimiser la gestion financière :

3.3.1 Établissez un budget solide :

Créez un budget réaliste qui détaille vos revenus, vos dépenses essentielles et vos objectifs financiers. Suivez ce budget de manière disciplinée pour vous assurer de ne pas dépenser plus que ce que vous gagnez.

3.3.2 Priorisez l'épargne :

Faites de l'épargne une priorité. Automatisez les transferts vers un compte d'épargne dès que vous recevez votre salaire. Cela vous aide à accumuler des économies sans avoir à y penser activement.

3.3.3 Pratiquez la patience :

Évitez les achats impulsifs. Si vous ressentez le besoin d'acheter quelque chose immédiatement après l'avoir vu dans une publicité, attendez un certain temps pour voir si ce désir persiste. Cela vous permettra de séparer les achats impulsifs des besoins réels.

3.3.4 Planifiez pour la retraite :

Commencez à épargner pour votre retraite dès que possible en utilisant un Plan d'Épargne Retraite (PER) adapté à votre situation. Les PER offrent des avantages fiscaux et sont essentiels pour sécuriser votre avenir financier.

3.3.5 Investissez judicieusement :

Si vous investissez, assurez-vous de comprendre les types d'investissements et leurs risques. Privilégiez les investissements à long terme, car ils ont tendance à générer des rendements plus élevés.

3.3.6 Limitez votre exposition à la publicité :

Réduisez le temps que vous passez devant la télévision et sur les médias sociaux, où la publicité est omniprésente. Moins vous êtes exposé à la publicité, moins elle peut influencer vos choix.

3.3.7 Éduquez-vous sur les techniques de marketing :

Plus vous en savez sur les méthodes utilisées par les spécialistes du marketing, plus vous serez en mesure de les repérer. Renseignez-vous sur les concepts tels que la PNL (programmation neuro-linguistique), la psychologie du consommateur, et les tactiques publicitaires courantes.

3.3.8 Faites des comparaisons et des recherches :

Avant de faire un achat, prenez le temps de comparer les produits ou services, de lire des avis, et de faire des recherches en ligne. Cela vous aidera à prendre une décision éclairée plutôt que de vous fier uniquement à la publicité.

3.3.9 Faites une liste avant de magasiner :

Établissez une liste des articles dont vous avez réellement besoin avant de vous rendre dans un magasin ou de faire des achats en ligne. Cela vous aidera à rester concentré sur vos besoins plutôt que sur vos envies impulsives.

3.3.10 Soyez conscient de la personnalisation :

De nombreuses entreprises utilisent des données personnelles pour personnaliser leurs publicités en fonction de vos préférences. Soyez conscient que ces annonces peuvent être conçues pour vous inciter à acheter davantage, et prenez du recul.

En adoptant ces stratégies, vous pouvez éviter les pièges de la surconsommation, développer une gestion financière plus solide, et résister aux incitations à la dépense excessive. Cela vous permettra de préserver votre stabilité financière et de travailler vers un avenir financier plus stable et épanouissant.

4. Le Chemin vers la Sagesse Financière

Dans ce chapitre, nous entreprenons un voyage vers la sagesse financière, guidés par la recherche de la stabilité, de la prospérité et de la sécurité dans le domaine financier. Nous explorerons les étapes essentielles pour parvenir à une gestion financière éclairée et responsable. À travers ce périple, nous découvrirons les principes fondamentaux de la gestion financière, les stratégies pour éviter les pièges courants, et les moyens de bâtir un avenir financier solide. Rejoignez-nous alors que nous empruntons le chemin qui mène à une meilleure compréhension de nos finances et à une prise de décision financière plus judicieuse.

4.1 - Réflexion sur les valeurs matérialistes et la recherche du bonheur à travers la possession.

Dans ce volet de notre exploration vers la sagesse financière, nous nous penchons sur un aspect fondamental de la gestion financière responsable : la réflexion sur nos valeurs matérialistes et la quête du bonheur à travers la possession.

4.1.1 - L'obsession de la possession matérielle :

De nos jours, la société nous expose de manière constante à une culture de la consommation, nous encourageant à rechercher le bonheur à travers l'acquisition de biens matériels. Cette obsession de la possession peut nous pousser à dépenser sans réfléchir, à accumuler des objets inutiles et à nous enfoncer dans des habitudes de consommation compulsive.

4.1.2 - La course au bonheur matériel :

Beaucoup d'entre nous ont tendance à associer le bonheur à la possession de biens matériels. Nous croyons parfois que l'achat d'un nouvel objet, d'une voiture de luxe ou d'une maison plus grande nous rendra plus heureux. Cependant, cette recherche incessante du bonheur à travers la possession peut entraîner un cercle vicieux de dépenses excessives, de dette et d'insatisfaction perpétuelle.

4.1.3 - La nécessité d'une réflexion profonde :

Pour cheminer vers la sagesse financière, il est essentiel de remettre en question ces croyances et de réfléchir profondément à ce qui véritablement nous importe dans la vie. Est-ce la quantité d'objets que nous possédons qui détermine notre bonheur, ou bien est-ce plutôt notre qualité de vie, nos relations, notre santé mentale et physique, et notre contribution à la société ? Cette réflexion nous permet de réaligner nos valeurs avec nos actions financières.

4.1.4 - Le détachement matériel :

L'un des principaux enseignements pour accéder à la sagesse financière consiste à pratiquer le détachement matériel. Cela ne signifie pas renoncer à tous nos biens, mais plutôt mettre en place une relation plus saine avec la possession, en nous concentrant sur l'essentiel et en évitant la surconsommation.

Au sein de cette réflexion sur les valeurs matérialistes et la recherche du bonheur à travers la possession, nous entamons notre voyage vers une gestion financière plus éclairée. Il est temps de remettre en question nos motivations profondes en matière de dépenses, de réaligner nos valeurs avec nos choix financiers et de découvrir une nouvelle perspective sur la signification véritable du bonheur financier.

4.2 - Exploration de la philosophie de vie minimaliste et de la satisfaction par des moyens non matériels :

Dans cette section, nous plongeons dans la philosophie du minimalisme et la quête de la satisfaction par des moyens non matériels, une approche qui contraste avec la culture de la surconsommation.

4.2.1 Lo minimalisme en tant que mode de vie :

Le minimalisme est bien plus qu'une tendance éphémère, c'est une philosophio de vie qui prône la simplicité, la réduction de la possession matérielle et la focalisation sur ce qui est essentiel. Les minimalistes cherchent à éliminer le superflu de leur vie pour se concentrer sur ce qui apporte réellement du sens et de la satisfaction.

4.2.2 Le bonheur au-delà des biens matériels :

Les minimalistes nous rappellent que le bonheur ne réside pas exclusivement dans la possession de biens matériels, mais dans des expériences significatives, des relations authentiques, et le développement personnel. Ils nous invitent à dépasser la recherche constante de possessions et à découvrir le contentement dans l'instant présent.

4.2.3 La réduction des dépenses inutiles :

Adopter une approche minimaliste de la vie financière implique généralement une réduction significative des dépenses inutiles. Les économies résultant de cette réduction peuvent être dirigées vers des objectifs plus significatifs, tels que la constitution d'une épargne, la réalisation de voyages ou le financement d'une éducation.

4.2.4 La durabilité et l'impact environnemental :

Le minimalisme va de pair avec la durabilité. En réduisant leur consommation, les minimalistes contribuent à la préservation de l'environnement en réduisant leur empreinte écologique. Cette perspective s'inscrit dans une vision plus large de responsabilité sociale.

4.2.5 La recherche de la satisfaction intérieure :

En explorant la philosophie du minimalisme, nous sommes invités à chercher la satisfaction à l'intérieur de nous-mêmes plutôt que dans des biens matériels éphémères. Cette quête intérieure peut nous conduire vers une plus grande stabilité émotionnelle et une meilleure compréhension de ce qui compte vraiment dans nos vies.

Cette exploration de la philosophie de vie minimaliste et de la recherche de la satisfaction par des moyens non matériels nous offre une perspective alternative sur la gestion financière et le bonheur. Elle nous encourage à réfléchir à la manière dont nous pouvons simplifier nos vies, réduire notre dépendance à la surconsommation et trouver une satisfaction profonde dans les aspects immatériels de l'existence.

4.3 - Conseils pour équilibrer la quête de biens matériels avec la recherche d'une vie épanouissante :

Alors que nous explorons la voie vers la sagesse financière, il est essentiel de trouver un équilibre entre la quête de biens matériels et la recherche d'une vie épanouissante. Voici quelques conseils pour parvenir à cet équilibre :

4.3.1 Identifiez vos valeurs essentielles :

Prenez le temps de réfléchir aux valeurs qui comptent le plus pour vous. Que souhaitez-vous vraiment dans la vie ? Cette clarté vous aidera à orienter vos décisions financières vers ce qui est vraiment important.

4.3.2 Établissez des objectifs financiers :

Fixez des objectifs financiers clairs, qu'il s'agisse d'économiser pour un voyage, de rembourser des dettes, ou de constituer un fonds d'urgence. Ces objectifs vous fourniront une direction et une motivation pour gérer vos finances de manière responsable.

4.3.3 Pratiquez la gratitude :

Apprenez à apprécier ce que vous avez déjà. La gratitude vous permet de trouver la satisfaction dans l'instant présent plutôt que de rechercher constamment de nouvelles acquisitions.

4.3.4 Limitez les dépenses impulsives :

Avant d'effectuer un achat important, prenez du recul et réfléchissez à son importance réelle dans votre vie. Évitez les achats impulsifs en établissant une règle personnelle qui exige de réfléchir pendant un certain temps avant de faire un achat coûteux.

4.3.5 Favorisez les expériences sur les biens matériels :

Investissez dans des expériences significatives plutôt que de vous concentrer exclusivement sur l'acquisition de biens. Les souvenirs et les moments partagés avec des proches ont souvent plus de valeur que les possessions matérielles.

4.3.6 Éduquez-vous financièrement :

Plus vous en savez sur la gestion financière, plus vous êtes en mesure de prendre des décisions éclairées. Investissez dans votre éducation financière pour développer des compétences qui vous permettront de gérer efficacement vos finances.

4.3.7 Établissez un budget flexible :

Créez un budget qui tient compte de vos besoins essentiels, mais qui laisse également de la place pour des dépenses discrétionnaires. Un budget trop rigide peut engendrer de la frustration, tandis qu'un budget flexible permet de satisfaire vos envies tout en maintenant la responsabilité financière.

4.3.8 Pratiquez la modération :

Trouvez un équilibre en matière de consommation. Il est possible de se faire plaisir occasionnellement tout en maintenant une gestion financière saine.

En équilibrant la quête de biens matériels avec la recherche d'une vie épanouissante, vous pouvez profiter des avantages de la consommation tout en évitant les pièges de la surconsommation. Cet équilibre vous conduit vers une vie financièrement stable et épanouissante, alignée sur vos valeurs et vos aspirations personnelles.

5. La Gestion Budgétaire en Pratique

Dans ce chapitre, nous plongeons dans les aspects pratiques de la gestion budgétaire, un élément clé pour atteindre la sagesse financière. La gestion budgétaire, bien qu'elle puisse sembler intimidante, est un outil puissant qui permet de prendre le contrôle de ses finances, d'atteindre des objectifs financiers et de réaliser ses rêves. Au cours de cette exploration, nous examinerons les étapes essentielles pour créer et maintenir un budget efficace, comment suivre vos dépenses, comment élaborer un plan financier réaliste, et comment faire face aux défis qui peuvent survenir en cours de route. Joignez-vous à nous alors que nous abordons la gestion budgétaire avec confiance, déterminés à maîtriser nos finances et à réaliser nos aspirations financières.

5.1 - Techniques de gestion budgétaire personnelle et familiale :

Dans cette section, nous explorons les techniques essentielles de gestion budgétaire pour les individus et les familles. Une gestion budgétaire efficace est le fondement d'une stabilité financière à long terme. Voici les principales techniques à considérer :

5.1.1 Établissement d'un budget :

Créez un budget détaillé qui répertorie vos revenus, vos dépenses fixes (comme le loyer ou l' hypothèque), et vos dépenses variables (comme l'épicerie et les loisirs). Un budget bien équilibré vous permet de suivre et de contrôler vos dépenses.

5.1.2 Catégorisation des dépenses :

Organisez vos dépenses en catégories claires pour mieux comprendre où va votre argent. Cela vous aide à identifier les domaines où vous pouvez économiser.

5.1.3 Suivi des dépenses :

Tenez un registre de toutes vos dépenses, y compris les petites dépenses en espèces. Des applications et des outils en ligne peuvent simplifier ce processus en automatisant le suivi de vos dépenses.

5.1.4 Planification à long terme :

Intégrez vos objectifs financiers à long terme dans votre budget. Cela peut inclure l'épargne pour la retraite, l'éducation des enfants ou l'achat d'une maison. Un budget aligné sur vos objectifs est un outil puissant pour les atteindre.

5.1.5 Création d'un fonds d'urgence :

Établissez un fonds d'urgence qui couvre au moins trois à six mois de dépenses. Il vous protégera en cas d'imprévu financier, comme une perte d'emploi ou des dépenses médicales inattendues.

5.1.6 Réduction des dépenses inutiles :

Identifiez les dépenses superflues dans votre budget et cherchez des moyens de les réduire. Cela peut impliquer de renégocier des contrats, de réduire les sorties ou de choisir des alternatives moins coûteuses.

5.1.7 Remboursement de dettes :

Si vous avez des dettes, établissez un plan de remboursement solide en concentrant vos efforts sur les dettes à intérêt élevé. Le remboursement de dettes est une étape clé vers la stabilité financière.

5.1.8 Consultation régulière du budget :

N'oubliez pas de consulter régulièrement votre budget pour vous assurer que vous restez sur la bonne voie. Vous pouvez apporter des ajustements en fonction de votre situation financière changeante.

5.1.9 Implication familiale :

Si vous avez une famille, impliquez tous les membres dans la gestion budgétaire. Discutez des objectifs financiers familiaux et collaborez pour les atteindre.

5.1.10 Éducation financière continue :

Investissez dans votre éducation financière en lisant des livres, en suivant des cours en ligne ou en consultant un conseiller financier. Plus vous en savez, plus vous êtes en mesure de prendre des décisions financières éclairées.

La gestion budgétaire personnelle et familiale est un élément central de la sagesse financière. En mettant en pratique ces techniques, vous pouvez développer une gestion budgétaire solide, atteindre vos objectifs financiers et assurer la stabilité financière de votre foyer.

5.2 - Utilisation de l'intelligence artificielle pour optimiser la planification financière :

Dans cette section, nous explorons comment l'intelligence artificielle (IA) peut être un atout puissant pour optimiser la planification financière personnelle et familiale. L'IA offre des outils et des fonctionnalités avancés qui peuvent améliorer la gestion financière de manière significative. Voici comment elle peut être utilisée :

5.2.1 Automatisation des tâches répétitives :

Les applications d'IA peuvent automatiser des tâches telles que la catégorisation des dépenses, le suivi des transactions et la création de rapports financiers. Cela permet de gagner du temps et de réduire les erreurs humaines.

5.2.2 Analyse des habitudes de dépenses :

Les systèmes d'IA peuvent analyser vos habitudes de dépenses pour vous fournir des informations précieuses. Ils peuvent identifier les tendances de dépenses, les pics de dépenses saisonnières et les domaines où vous pourriez économiser.

5.2.3 Prévisions financières :

En utilisant l'IA, vous pouvez créer des modèles de prévision financière basés sur vos données historiques. Cela vous aide à planifier l'avenir en estimant vos revenus et vos dépenses à venir.

5.2.4 Gestion de l'investissement :

Les robots-conseillers basés sur l'IA peuvent recommander des investissements en fonction de votre profil de risque et de vos objectifs financiers. Ils surveillent également les marchés en temps réel pour prendre des décisions d'investissement éclairées.

5.2.5 Optimisation fiscale :

Les systèmes d'IA peuvent analyser votre situation fiscale et proposer des stratégies pour minimiser vos impôts légalement. Cela peut inclure des conseils sur les déductions fiscales, les comptes de placement avantageux sur le plan fiscal, etc.

5.2.6 Gestion de la dette :

L'IA peut aider à élaborer des plans de remboursement de dettes personnalisés en fonction de votre situation financière. Elle peut également vous alerter en cas de risque de surendettement.

5.2.7 Protection contre la fraude :

Les algorithmes d'IA peuvent détecter les transactions suspectes et les activités frauduleuses sur vos comptes financiers, renforçant ainsi la sécurité de vos finances.

5.2.8 Apprentissage continu :

Les systèmes d'IA apprennent de vos habitudes financières au fil du temps, ce qui signifie qu'ils deviennent de plus en plus efficaces à mesure que vous les utilisez.

Bien que l'IA puisse apporter de nombreux avantages à la planification financière, il est important de la combiner avec une compréhension humaine de vos objectifs financiers et de vos valeurs. L'IA est un outil puissant, mais elle ne peut pas remplacer le discernement humain en matière de gestion financière. En utilisant judicieusement l'intelligence artificielle, vous pouvez optimiser votre planification financière et prendre des décisions éclairées pour l'avenir.

5.3 - Conseils pour réduire les dépenses inutiles et économiser pour l'avenir :

Dans cette section, nous explorons des conseils pratiques pour vous aider à réduire les dépenses inutiles, renforcer votre capacité d'épargne et planifier un avenir financier plus sûr. La gestion efficace de vos dépenses est cruciale pour atteindre vos objectifs financiers. Voici comment y parvenir :

5.3.1 Analysez vos dépenses :

Passez en revue vos relevés bancaires et vos factures pour comprendre où va votre argent. Identifiez les postes de dépenses inutiles ou excessifs.

5.3.2 Établissez un budget réaliste :

Créez un budget qui reflète vos besoins essentiels ainsi que vos objectifs financiers à court et à long terme. Soyez réaliste et assurez-vous de pouvoir respecter ce budget.

5.3.3 Évitez les achats impulsifs :

Avant de faire un achat, prenez du recul et réfléchissez à sa nécessité. Évitez les achats impulsifs en appliquant la règle des 24 heures : attendez un jour avant de décider d'acheter.

5.3.4 Négociez les contrats :

Recherchez des moyens de réduire les coûts de services tels que l'assurance, les abonnements, ou les forfaits téléphoniques. N'hésitez pas à négocier ou à comparer les offres.

5.3.5 Priorisez l'épargne :

Traitez l'épargne comme une dépense incontournable. Automatisez vos transferts d'argent vers un compte d'épargne dès que vous recevez votre salaire.

5.3.6 Économisez sur les achats courants :

Utilisez des coupons, profitez des promotions, achetez en gros lorsque cela est judicieux, et optez pour des marques génériques lorsque la qualité est similaire.

5.3.7 Réduisez les sorties et les loisirs coûteux :

Trouvez des alternatives moins coûteuses pour vos sorties et vos loisirs. Explorez des activités gratuites ou à moindre coût dans votre communauté.

5.3.8 Limitez les dépenses discrétionnaires :

Établissez une limite pour les dépenses discrétionnaires, comme les repas au restaurant ou les achats de vêtements, et respectez cette limite.

5.3.9 Évitez les dettes inutiles :

Limitez l'utilisation de cartes de crédit pour des achats non essentiels. Si vous avez des dettes, concentrez-vous sur leur remboursement.

5.3.10 Revoyez régulièrement votre budget :

Votre situation financière peut évoluer. Passez en revue votre budget régulièrement pour vous assurer qu'il reste adapté à vos besoins.

5.3.11 Célébrez les économies réalisées :

Récompensez-vous lorsque vous atteignez des objectifs d'économies. Cela renforce votre motivation à économiser davantage.

5.3.12 Soyez persévérant :

La réduction des dépenses peut être un processus graduel. Soyez patient et continuez à travailler sur l'amélioration de votre gestion financière.

En mettant en pratique ces conseils, vous pouvez réduire les dépenses inutiles, renforcer votre capacité d'épargne et planifier un avenir financier plus solide. Une gestion prudente de vos finances vous rapproche de vos objectifs financiers et de la stabilité financière à long terme.

6. L'Éthique de la Consommation

Le chapitre suivant nous plonge dans une réflexion profonde sur l'éthique de la consommation. Alors que nous avons exploré les aspects pratiques de la gestion financière et les moyens d'économiser, il est temps de considérer l'impact éthique de nos choix de consommation. La façon dont nous dépensons notre argent peut avoir des répercussions sur la société, l'environnement et même notre propre bien-être. Dans ce chapitre, nous explorerons les principes de la consommation éthique, les questions liées à la durabilité, la responsabilité sociale des entreprises et comment nos décisions d'achat peuvent contribuer à un monde meilleur. Joignez-vous à nous pour une réflexion approfondie sur l'éthique de la consommation et comment nous pouvons tous jouer un rôle dans la création d'un avenir plus responsable et durable.

6.1 - Débat sur l'éthique de la consommation et l'impact sur l'environnement :

Cette section plonge au cœur du débat sur l'éthique de la consommation et explore les implications profondes de nos choix de consommation sur l'environnement. À mesure que la prise de conscience environnementale grandit, de plus en plus de personnes remettent en question leurs habitudes de consommation. Voici les points clés de ce débat :

6.1.1 Consommation responsable :

La consommation responsable implique de faire des choix d'achat conscients qui minimisent l'impact environnemental. Cela peut inclure l'achat de produits durables, la réduction des déchets, et le soutien aux entreprises respectueuses de l'environnement.

6.1.2 L'empreinte carbone :

Nos habitudes de consommation ont un impact direct sur notre empreinte carbone. Les choix tels que la conduite de véhicules économes en carburant, la réduction de la consommation d'énergie à domicile et l'adoption d'un régime alimentaire durable peuvent réduire notre empreinte carbone.

6.1.3 L'industrie de la mode :

L'industrie de la mode est l'une des plus polluantes au monde. Le débat sur l'éthique de la consommation met en lumière les problèmes de la fast fashion, encourageant la durabilité, l'achat de vêtements de qualité et la promotion de la mode éthique.

6.1.4 L'alimentation durable :

Les choix alimentaires ont un impact significatif sur l'environnement. Le débat sur l'éthique de la consommation englobe des questions telles que la consommation de viande, le soutien aux agriculteurs locaux et la réduction du gaspillage alimentaire.

6.1.5 La consommation excessive :

La surconsommation est critiquée pour son gaspillage de ressources naturelles. Le débat sur l'éthique de la consommation encourage à acheter de manière réfléchie et à éviter l'accumulation de biens inutiles.

6.1.6 L'activisme des consommateurs :

De plus en plus de consommateurs se tournent vers l'activisme pour encourager les entreprises à adopter des pratiques plus durables. Cela peut inclure le boycott de marques non éthiques ou le plaidoyer pour des politiques environnementales plus strictes.

6.1.7 La responsabilité des entreprises :

Les entreprises sont de plus en plus sous pression pour adopter des pratiques plus durables. Les consommateurs exigent la transparence et l'éthique dans les opérations commerciales.

6.1.8 L'éducation et la sensibilisation :

L'éducation des consommateurs sur les enjeux environnementaux joue un rôle crucial. Le débat sur l'éthique de la consommation encourage l'apprentissage continu et la sensibilisation aux problèmes environnementaux.

En explorant le débat sur l'éthique de la consommation et son impact sur l'environnement, nous cherchons à comprendre comment nos choix quotidiens de consommation peuvent contribuer à la préservation de notre planète. Cette réflexion nous invite à repenser nos priorités de consommation et à œuvrer pour un avenir plus durable.

6.2 - Examen des mouvements de consommation durable et responsable :

Dans cette section, nous explorerons les mouvements de consommation durable et responsable qui ont émergé en réponse aux préoccupations environnementales et sociales croissantes. Ces mouvements visent à transformer la manière dont nous consommons et à promouvoir des choix plus éthiques. Voici un aperçu des principaux mouvements :

6.2.1 Le minimalisme :

Le minimalisme encourage à posséder moins de biens matériels, à se concentrer sur l'essentiel et à éliminer le superflu. Il met l'accent sur la qualité plutôt que sur la quantité.

6.2.2 Le commerce équitable :

Le mouvement du commerce équitable promeut des pratiques commerciales éthiques en garantissant des conditions de travail équitables et en rémunérant équitablement les producteurs dans les pays en développement.

6.2.3 Le mouvement « zéro déchet » :

Les partisans du zéro déchet s'efforcent de réduire au maximum leur production de déchets en évitant les emballages inutiles, en recyclant et en compostant, et en privilégiant les produits réutilisables.

6.2.4 La mode éthique :

L'industrie de la mode éthique promeut la production de vêtements respectueux des droits des travailleurs et de l'environnement. Elle encourage l'achat de vêtements durables et de seconde main.

6.2.5 Le véganisme :

Les véganes choisissent un mode de vie exempt de produits animaux, notamment dans leur alimentation, leurs vêtements et leurs cosmétiques. Cela vise à réduire l'exploitation animale et l'impact environnemental.

6.2.6 L'agriculture biologique :

L'agriculture biologique met l'accent sur la culture de produits sans l'utilisation de pesticides ou d'engrais chimiques, contribuant ainsi à la préservation de la biodiversité.

6.2.7 La consommation locale :

Le soutien aux produits locaux favorise l'achat de biens produits à proximité, réduisant ainsi les émissions de carbone liées au transport.

6.2.8 La finance éthique :

Les investisseurs cherchent à aligner leurs investissements sur des entreprises qui respectent des critères éthiques et environnementaux.

6.2.9 L'économie du partage :

Les plateformes d'économie du partage permettent de louer ou de partager des biens, de réduire la possession individuelle et de favoriser une utilisation plus efficace des ressources.

6.2.10 Le militantisme des consommateurs :

Les consommateurs s'organisent pour exercer une pression sur les entreprises en boycottant les marques non éthiques et en soutenant celles qui adoptent des pratiques responsables.

En examinant ces mouvements, nous nous engageons dans une réflexion sur la manière dont nos choix de consommation peuvent contribuer à des pratiques plus éthiques et durables. Ces mouvements démontrent que la consommation peut être un moteur de changement positif dans le monde, à condition que nous soyons conscients de nos décisions et que nous soyons prêts à agir en accord avec nos valeurs éthiques.

6.3 - Comment aligner vos habitudes de consommation avec vos valeurs personnelles :

Dans cette section, nous aborderons la question essentielle de l'alignement de vos habitudes de consommation avec vos valeurs personnelles. Il est crucial de prendre des décisions d'achat qui correspondent à vos convictions éthiques et à vos priorités. Voici comment vous pouvez procéder :

6.3.1 Identifiez vos valeurs :

Commencez par définir clairement vos valeurs personnelles. Quelles sont les causes qui vous tiennent à cœur ? Quelles sont vos priorités éthiques, sociales et environnementales ?

6.3.2 Faites des recherches :

Informez-vous sur les entreprises, les produits et les marques pour évaluer leur conformité à vos valeurs. Recherchez des informations sur leurs pratiques environnementales, sociales et éthiques.

6.3.3 Soutenez les entreprises alignées sur vos valeurs :

Choisissez activement de soutenir des entreprises qui partagent vos convictions éthiques. Cela peut inclure l'achat de produits durables, le choix de marques éthiques et le soutien aux entreprises locales.

6.3.4 Optez pour la qualité et la durabilité :

Privilégiez la qualité sur la quantité. Les produits de qualité ont tendance à durer plus longtemps, ce qui réduit le gaspillage et l'impact environnemental.

6.3.5 Réduisez la surconsommation :

Évitez l'accumulation de biens matériels inutiles en vous demandant si un achat est vraiment nécessaire. La surconsommation est souvent en contradiction avec des valeurs axées sur la durabilité.

6.3.6 Soyez un consommateur informé :

Lisez les étiquettes, posez des questions aux vendeurs et faites des recherches avant d'acheter. Les consommateurs informés sont mieux équipés pour prendre des décisions éclairées.

6.3.7 Partagez vos valeurs :

Discutez de vos valeurs éthiques avec votre entourage. Vous pouvez encourager d'autres personnes à adopter des habitudes de consommation plus responsables.

6.3.8 Soyez cohérent :

L'alignement de vos habitudes de consommation avec vos valeurs personnelles nécessite de la cohérence à long terme. Restez fidèle à vos convictions, même lorsque les choix plus éthiques peuvent sembler plus difficiles ou plus coûteux.

6.3.9 Participez à des initiatives locales ou communautaires :

Engagez-vous dans des actions bénévoles ou dans des initiatives locales qui correspondent à vos valeurs. Cela peut inclure des projets environnementaux, sociaux ou humanitaires.

6.3.10 Évoluez avec vos valeurs :

Il est normal que vos valeurs évoluent avec le temps. Soyez ouvert à l'ajustement de vos habitudes de consommation pour refléter ces changements.

En alignant vos habitudes de consommation avec vos valeurs personnelles, vous pouvez vivre de manière plus authentique, contribuer à des causes qui vous tiennent à cœur et encourager un changement positif dans la société. Vos choix en tant que consommateur ont le pouvoir de modeler le monde dans lequel nous vivons, alors faites-en bon usage pour construire un avenir meilleur.

7. Conclusion

Le moment est venu de mettre un point final à notre voyage à travers les intrications complexes de la finance personnelle, de l'éthique de la consommation et de la recherche d'une vie financièrement épanouissante. Ce périple nous a conduits à travers des paysages riches en connaissances, en réflexions et en possibilités.

Au cours de cette exploration, nous avons découvert comment comprendre les mécanismes psychologiques derrière nos désirs d'achat, comment analyser l'influence des médias et de la publicité sur nos habitudes de consommation, et comment développer une conscience critique face aux techniques de marketing. Nous avons également exploré les risques liés à la surconsommation, les conséquences à long terme sur la stabilité financière, et les stratégies pour éviter les pièges de la surconsommation.

Nous avons plongé dans le monde de l'éthique de la consommation, examiné les mouvements de consommation durable et responsable, et appris comment aligner nos habitudes de consommation avec nos valeurs personnelles. Enfin, nous avons exploré des méthodes pratiques de gestion budgétaire et examiné comment l'intelligence artificielle peut être utilisée pour optimiser la planification financière.

Tout au long de ce voyage, nous avons découvert que la compréhension de nos valeurs personnelles, de nos priorités financières et de nos impacts sur le monde qui nous entoure est essentielle pour bâtir une vie financièrement épanouissante et éthique.

Cette conclusion marque le point de départ de votre propre périple vers une gestion financière responsable, une consommation éthique et une vie plus équilibrée. Les connaissances acquises au fil de ces pages sont les outils dont vous disposez pour forger un avenir financier qui reflète vos valeurs, vos aspirations et votre désir de contribuer à un monde meilleur.

Que cette aventure continue de vous inspirer à prendre des décisions de consommation éclairées, à aligner vos habitudes financières avec vos convictions éthiques, et à poursuivre la quête d'une vie financièrement épanouissante et responsable. Votre voyage personnel vers la sagesse financière ne fait que commencer.

En conclusion, je vous lance un appel à l'action pour adopter une approche plus consciente de la consommation et de la gestion financière. Les enseignements de ce livre sont autant de clés pour ouvrir la porte vers une vie plus épanouissante et éthique.

7.1 Prenez le temps de réfléchir :

Avant chaque achat, prenez un moment pour réfléchir à vos motivations et à l'impact de cet achat sur vous-même et sur le monde qui vous entoure.

7.2 Développez une conscience critique :

Éduquez-vous sur les techniques de marketing, soyez attentif à vos émotions face à la publicité, remettez en question les promesses exagérées, comparez et recherchez avant d'acheter.

7.3 Évitez les achats impulsifs :

Pratiquez la patience. Attendez un certain temps avant de faire un achat impulsif pour voir si le désir persiste.

7.4 Partagez vos expériences :

Discutez de vos décisions d'achat avec vos amis et votre famille. Leur point de vue objectif peut vous aider à évaluer la nécessité réelle d'un achat.

7.5 Soutenez les entreprises éthiques :

Favorisez les entreprises qui partagent vos valeurs d'éthique et de durabilité.

7.6 Économisez et investissez pour l'avenir :

Commencez à épargner et à investir de manière responsable dès que possible. Votre avenir financier en dépend.

7.7 Alignez vos valeurs avec vos actions :

Faites en sorte que vos choix de consommation reflètent vos valeurs personnelles. Optez pour des produits et des entreprises qui partagent vos convictions éthiques.

7.8 Impliquez-vous :

Participez activement aux mouvements de consommation durable, aux initiatives locales et aux actions bénévoles qui contribuent à un monde meilleur.

7.9 Soyez cohérent :

Maintenez une cohérence dans vos actions et vos choix de consommation. La persévérance est la clé du changement durable.

7.10 Soyez ouvert au changement :

Vos valeurs et vos priorités peuvent évoluer avec le temps. Soyez prêt à ajuster vos habitudes de consommation en conséquence.

En adoptant ces actions dans votre vie quotidienne, vous contribuerez à façonner un monde où la responsabilité, l'éthique et la durabilité guideront vos décisions financières et de consommation. Votre engagement à être un consommateur conscient et responsable peut avoir un impact significatif sur votre vie et sur la société dans son ensemble. La sagesse financière commence par des choix éclairés, et elle continue à grandir à mesure que vous évoluez dans votre parcours vers un avenir plus épanouissant et responsable.

www.ingramcontent.com/pod-product-compliance
Lightning Source LLC
Chambersburg PA
CBHW062306290526
45794CB00006B/2711